누군가 내 마음을 몰라줘도

사물을 다시 바라보게 만드는 시집

글 · 그림 박윤재

박윤재

2000년 생, 스무 살. 말로 하는 것보다는 특별한 시각과 집중적 사고로 시를 쓰고 그림을 그리는 맑고 바른 감성 소유자

박윤재만이 가지고 있는 특별한 시각과 집중적 사고에서 나온 시와 그림이 보는 이로 하여금 사물을 다시 바라보게 만드는 것은 '하늘이 그에게 준 특별한 재능' 아닐까.

누군가 내 마음을 몰라줘도

글·그림 박윤재

사물을 다시 바라보게 만드는 시집

여는글

즐겁게 읽어 주세요.

지금으로부터 10여 년 전에 스티브 잡스가 죽었다는 건 다들 알고 있을 것이다. 그 때 나는 초등학생이었는데, 거기에 영감 비스름한 걸 받아서 방으로 들어가 시를 써 내려갔다. 그렇다고 딱히 스티브 잡스의 죽음이 슬퍼서 쓴 건 아니었다. 그냥 그게 태어나서 처음으로 내게 다가온 '타인의 죽음'이기 때문이었다. 아무튼 그렇게 쓴 시가 나의 첫 작품, '천국의 환영'이다. 이 책에는 실려 있지 않지만 죽는 사람들을 위로하는 시다.

10살 무렵부터 그냥 시로 표현하고 싶은 게 떠오를 때마다 시를 썼다. 예를 들어 공은 '나전칠기 속 단검'으로, 고드름은 '새하얀 보석'으로…그 동안 꽤 많은 시들을 쓰게 되었다. 시집을 만들며 여러 번 함께 읽어 보며 고르고 대략적으로 분류도 해 보았다.

갖가지 물건들을 보고 느낀 것들에 관해 쓴 시를 1부에 실었고, 살아가며 느끼는 부정적인 감정들에 관해 쓴 것들을 2부에, 온갖 부조리들에 관한 것들을 3부에, 그리고 자연에 관해 쓴 것들을 4부에 실었다.
작가가 되려고 갑자기 소설 프롤로그 어떻게 쓸지 구상할 필요 없고, 만화가가 되려고 어느 날 집에 쌓아둔 A4 용지에 칸을

나눌 필요가 없다. 일기로든 심심할 때 그냥 그리는 그림으로든 자신이 느낀 거나 접한 걸 표현하면 된다. 나에게 글은 수단이지 목적이 아니다. 소설가도 '내가 하고 싶은 말'을 소설로 잘 전할 수 있어야 될 수 있는 것이 아닐까?

소설가나 만화가가 될 사람이 아니더라도, 누구나 살면서 자신에게 특별한 의미로 다가오는 것들을 한 마디 말로든 짧은 일기로든, 뭐로든 남기면 좋겠다. 아무리 좋은 추억이라도, 쉽게 잊혀 버리고 말게 되니까.

아직 많이 부족하지만, 그런대로 '뭔가를 재미있게 얘기한 시들을 모아놓은 책'을 만들고 싶었다. 이 책이 그 '뭔가를 재미있게 얘기하고파 하는 사람들'에게 즐겁게 읽힐 수 있다면 다행이겠다.

박윤재

• 추천의 글

윤재라는 물거울

나는 윤재를 천재라고 말하고 싶지 않다. 천재라고 말하면 윤재의 맑은 감성이 묻혀버리는 느낌이 든다. 단지 타고난 두뇌로 쓰는 시가 아니기 때문이다. 나는 윤재가 중학교 1학년 때 만났다. 윤재는 좀처럼 잘 웃어주지 않았지만 한번 웃으면 세상이 환해지는 순도 높은 미소를 가진 소년이었다.

윤재와 내가 함께 앉아있던 방에 피아노만 한 대 덩그러니 놓여있었다. 나와 윤재는 오래 그 피아노를 바라보았다. 아니, 사실 나는 피아노를 바라보고 있는 윤재를 보고 있었다. 그때 나는 윤재의 눈빛과 손끝의 정직함에 늘 위안을 받고 있었으니까.
윤재는 연필을 쓰윽 들더니 단숨에 "건반들도 제 소리를 가지고·있지만/ 그것으로 두고두고 아프다"라고 썼다. 나는 눈을 한번 닦고 다시 읽어 보았다. 연필로 써내려간 윤재의 시, 한동안 멍해졌다. 나는 피아노의 희고 검은 건반에 주목하거나 피아노의 선율에 매료되는 순간과 같은 평범한 생각만을 떠올리고 있었는데, 윤재는 피아노의 마음을 읽고 있었던 것이다. 제 소리 때문에 두고두고 아프다니! 나는 그제야 피아노를 알았다. 건반을 함부로 두드리지도, 발판을 아무렇게나 꾹꾹 눌러 밟지도, 피아노 뚜껑을 함부로 내리 닫을 수도 없게 되었다. 피아노의 선율보다 더 섬세한 마음이 거기에 있었다.

윤재는 사물을 바라볼 때 그 사물의 쓰임이나 외형을 보지 않는다. 사물이 가지고 있는 마음을 짚어낸다. 컵을 잡고 물을 마시면서도 "태어날 때부터 팔이 한 개 밖에 없다./ 그 마저도 움직일 수가 없다."는 것을 발견한다. 내게는 있지만 사물에게는 없는 것을 자각하는 것이 바로 윤재의 마음인 것이다. 팔이 하나 없어서 "가장 깨끗"할 수 있다니. 나는 지금 이 두 팔로 뭘 하고 있는 거니? 이렇게 되돌아보게 한다. 우리는 드 팔로 얼마나 많은 장난을 했던가. 윤재의 시 '컵'을 읽고 나던 커피를 내려 먹던 컵 앞에서도 숙연해진다.

놀랍게도 윤재의 시선에 닿는 사물들은 참으로 평범하거나 무관심한 것들이다. 길가에 서있는 자판기, 매일 잡았다가 놓는 손잡이, 손을 닦아서 늘 젖어있는 수건, 잠깐 쓰고 서랍에 넣어두는 줄자, 등산객들이 버리고 간 쓰레기.... "난 우리를 위해서/ 젖고 밟혀야 한다./ 웃어야 하나/ 울어야 하나" 라는 '수건'이라는 시를 보면 손과 발을 씻을 때마다 젖고 밟히는 수건에게조차 이런 따뜻한 감정을 주고 있다.

윤재는 우리의 행동과 감정에 대해서도 예리한 감각을 보여준다. 누군가에게 저지른 '말실수'를 "가로수에 침을 뱉었다"고 하여 눈에 보이는 행동으로 보여준다. 말실수를 당하는 쪽은 가만히 침을 맞고 서있는 가로수에 비유된다. 나의 말실수에 대한 변명의 여지가 전혀 없는 표현이다. 뒤늦게 후회하고 사과하려니 흔적도 없이 사라진 말실수, 뒤늦은 사과를 받아줄 수 없을 만큼 말실수는 그 순간의 상처인 것이다. "뒤늦게 그 나무한테 미안해서 침을 닦으려니/ 보이지 않았다./ 분명히 누가 닦아가진 않았을 텐데 말이다."라는 구절처럼 나의 말실수는 누가 대신 닦아갈 수도 없다.

윤재가 바라본 '슬럼프'는 또 이렇게 어슬렁거리며 집으로 놀러 온다. "너 놀러 오고 내가 참 힘들다./ 팔씨름이 내 장기인데/ 너랑 하면 항상 몇 초 정도 버티다 지느라 더 애먹는다."는 시를 읽게 되면 우리의 슬럼프는 어떻게 보면 우리 스스로가 자초한 것이 아닌가 하는 생각이 든다. 윤재의 이 시 첫 구절이 그렇다. "너 놀러 오기 전에 참 심심했다./ 그 시간에 오기로 해놓고 훨씬 늦게 온/ 너를 초인종 앞에서 멍만 때리며 기다리느라 애먹었다." 부분을 보면 슬럼프가 오기 전에 심심해하며 오히려 우리가 그것을 기다리고 있었다. 이러한 발견은 자신을 들여다보는 물거울의 깊이와 표면을 잘 알 수 있게 한다.

윤재의 시를 들여다보면서 그것이 나의 거울이 되는 것을 알게 되었다. 시에 대한 나의 자세를 윤재의 시에 비춰보게 된 것이다. 윤재의 '시 읽기'라는 시에 이런 구절이 있기 때문이다. "이 정도로 포기할 거면 여기 오지도 않았지".... 나의 물거울에 파문이 일게 한 구절이다. 이것은 비단 시를 쓰거나 읽는 것에만 해당되지 않을 것이다. 문득 사물을 다시 바라보게 만드는 윤재의 시집 '누군가 내 마음을 몰라줘도'의 발간에 따뜻한 마음으로 박수친다. 그림을 그리고 시를 쓰는 윤재가 눈빛이 깊은 어른이 되어가면서도 이 천진함을 잘 간직했으면 좋겠다.

천수호_시인

목차

여는글   4
추천의 글   6

하나, 나에게 웃지도 화내지도 않는다

피아노	16
소리	17
가족	18
시계 1	19
컵	20
종이	21
공	22
지우개 연필	23
수건	24
책을 잃어버린 날	25
모자	26
쓰레기	27
색연필	28
시계 2	29
끼리끼리 지우개	30
유리창	31
망각	32
아파트	33
손잡이	34
자판기	35
줄자	36

두울, 언제나 배고파 하는구나

의욕에게	40
감정	42
말실수 1	43
말실수 2	44
변태	45
외로움	46
나쁜 예감	47
무서움	48
감성에 빠져드는 자세	49
위기	50
어디	51
조심해	52
열등감	53
실수 1	54
실수 2	55
이상적인 바쁨	56
슬럼프 1	57
슬럼프 2	58
영감	59
예술가	60
습관	61
깜빡	62
계획 1	63
어른	64
마음	65
밤잠	66
후회	68
꼰대질	69
속마음	70
골몰	71

셋, 정말 내가 그랬어?

원한	75
시의 위로	76
사라진 그림	77
법	78
가짜뉴스	79
요절	80
버퍼링	81
꼰대	82
칭송 받는 부조리	83
상실감	84
미필적 고의	85
표정	86
뇌	88
눈물	89
낙서	90
감정조작	91
상처	92
누군가 내 마음을 몰라줘도	93
아침잠	94
난로	95
내가 원하지 않는 것	96
숙제	97

넷, 이제 뭘 할까를 생각해

달의 쥐	100
황금 새장 안에 갇힌 앵무새	101
연못	102
가을	103
노크	104
해	105
즉흥적 소망	106
시 읽기	108
맑은 하늘	109
구상나무	110
소름	111
우물 안 개구리	112
해바라기	113
계획 2	114
신	116
고드름	117
방황	118
소	119
여우 눈	121
거미	122

에필로그	124

하나, 나에게 웃지도 화내지도 않는다

피아노

건반들도
제 소리를 가지고 있지만

그것으로
두고두고 아프다.

/소리/

나는 너희들의
아버지다.

그런데 너희들 때문에
내가 잊혀 버린 것 같다.

가
족

평소에는 깨어나지 않는다.
떨어져 있을 때만 깨어난다.

쨍그랑,
하지만 않는다면
십 년 백 년
천년 느릿느릿

그러나 그는
영원함에 부딪치지
않고 싶어 한다.

컵

태어날 때부터
팔이 한 개 밖에 없다.
그마저도 움직일 수가 없다.

그래서
가장 깨끗하다.

/ 종이 /

너의 조상은
태어날 때부터 우리에게 병과 약을
받았다.

그러나 너는
우리에게 병만 받고 있다.

공

쓰자면
최고의 작은 놀이동산

그러나 한편으로는
가장 날카롭지 않은 칼

그렇기 때문에
공이 생사를 좌우하고

사람들이 공을
나전칠기 속 단검이라고 생각할 것이다.

/ 지우개 연필 /

죽지마
아직 너 없이 살아가기가
외롭고
힘들고
두렵다고

/ 책을 잃어버린 날 /

나는 다시 그 책을 보지 못했다
기차에서 내리려다 누군가랑 부딪히고
그만 책을 기차에 떨어뜨리고 간 것이다
그 책에 선물 받은 추억이라는
예쁜 책갈피마저 꽂혀 있었기에
나는 그 때 넋까지 놓아버렸다

모자

폭도들이
쫓아온다.

나는
띰으로 살 수 있지만

그것으로
불편하다.

그러나
남들이 보기에는
멋지다.

쓰레기

등산객들이
먹다 남는 것들을 버린다.

그것들은 오래 갈지도
빨리 끝날지도 모르는 잠을 잔다.

그 생각을 얼마나 많이 했는지
꿈을 꾸었다.

자기들도 그렇듯
인간들까지도
버려질 수 있다.

/ 색연필 /

나만으로는
아무 것도 할 수 없다.

그래서
또 다른 나들을 부른다.

잠시 후
거대한 동물을 낳는다.

시계 2

옛날엔
너한테 모르는 거 물어볼 때마다
하던 일도 멈추고 날 챙겨줬는데,

지금은
헤어지고 몇 년 만에 연락하니까
바쁜지 답장 하나 안 보내네.

끼리끼리 지우개

—김춘수의 〈꽃〉 패러디

우리는 서로
타인의 이름을
부르지 않는다.

우리 둘 다
지워 죽이는
킬러건만

원래가 그래서
우리는 친해지려고
노력했다.

하지만
말할 수 없어서

표현 못하고
둘 다 가루가 된다.

유리창

저 너머로
피어나면서 땅 밖의 풍경에 놀란
꽃들이 보인다

저 너머로
잎사귀들에게 배신당한
나무들이 보인다

저 너머로
땅을 구경하면서 내려오는
눈이 보인다

그 아이는
내가 항상 보아왔건만
나에게 웃지도 화내지도 않는다

/ 망각 /

담배 좀 피웠다고 바로 어디가 아프진 않다.
그렇다고 담배가 몸에 좋은 건 아니다.

아
파
트

진짜 감옥마냥 우리 동네 빌딩들 속에 숨어있고
진짜 감방마냥 우리 집에 번호를 매기고
진짜 죄수마냥 여기 사는 다른 사람들하고 섞여 살고

/ 손잡이 /

매일매일 사람들이
만지고 간다.

그러나 씻고 싶어도
씻을 물이 없다.

그렇다고 여길 떠나면
안 된다.

자판기

자판기는 매일매일 어두운 골목에 서 있는다.

돈 몇 푼에 피 같은 물을 떠다 주며
피곤하게 잠도 안 자고 하루종일 서 있는다.
과로로 병원에 실려 가면 사경을 헤맨다.

오늘도 자판기는 매일매일 어두운 골목에 서 있는다.

줄자

내가 일어났을 때 보인 풍경은,
잠자리에 들면서 올려다본 천장처럼 어두웠다.
침대가 위로 겹겹이 쌓인 복층침대니까,
당연히 그럴 수밖에.

잠결에 눈을 비비다가,
침대가 움직이면서
갑자기 세상 빛이 들어왔다.
그렇다!
여기는 올라가는 롤러코스터.

롤러코스터는 평평한 선로 위에서도,
자꾸자꾸 기울더니
쿵!
하고 멈춰 섰다.

슈르르르르르륵!
롤러코스터가 내려가기 시작했다!
너무 빨라서 경치도 잘 안 보였지만,
정말 정말 짜릿했다!

"아야!"
재미나게 소리치자마자!
탁!
하고 부딪히며
나는 다시 기절했다.

두울, 언제나 배고파 하는구나

의욕에게

의욕아
봄바람에 꽃잎들을 모조리 날려 보낸 벚나무를 봐라
얼마나 앙상하냐

/ 감
정 /

내가 누구랑 같이만 있으면
넌 나를 스토커처럼 엿보기만 하고

반대로 내가 혼자 있으면
코빼기도 안 보인다.

그럴 땐 너무 외로운 나머지
네가 와주길 바란다.

/ 말실수 1 /

어느 날 나는
가로수에 침을 뱉었다.

뒤늦게 그 나무한테 미안해서 침을 닦으려니
보이지 않았다.

분명히 누가 닦아가진 않았을텐데 말이다.

/ 말실수 2 /

풍선을 아무리 애지중지 아껴도
하늘 위로 날려 보내면 그날로 죽는다

그 풍선이 내가 직접 산 거든 누가 사준 거든
싫어하는 색상이건 좋아하는 색상이건
고의로 날렸건 실수로 날렸건
내 마음을 풍선에 넣을 순 없다

변태

꽃을 놈으로 보지 마라
꽃은 꿀로 보라고 일러줬건만
저놈은 꽃을 꿀로 보지 않고
언제나 배고파하는구나

외로움

가족이나 친구나 멘토를 보고 있을 때
집의 창문에는 미련을 가지지 않는다.

그러나 그렇지 않을 때면
반드시 창문을 보게 된다.

만약 아무도 오지 않는다면
나는 완전히 변할 것이다.

他는 나의 운전자이고
나는 他의 운전자다.

나쁜 예감

너는 항상 차조심하란 말 한 마디를
내가 길을 건너고 있을 때에만 하더라.

그러다 내가 차에 약간 치이면
깔깔깔 비웃고.

/ 무서움 /

참새는 멀리 독수리 모습만 봐도
겁내느라 움직이지 않는다.
독수리 때문에 무서운 게 아니라,
독수리로부터 멀리 있다는 제 시야를 믿기 무서운 것이다.
자기 시야를 믿는 참새들을 우리는 용감하다고 한다.

/ 감성에 빠져드는 자세 /

아무도 없는 곳에서 너에게 안기고 싶어

여기만큼 아무도 나더러 뭐라 수군대지 않을 곳도 없으니까
    여기만큼 내가 맘껏 있을 곳도 없으니까
    여기만큼 너에게 안길만 한 곳도 없으니까

위기

총은 본디 남을 해치거나 협박하기 위해 발명됐다.
그러나
이젠 장난감으로도 나온다.

어디

비행기? 어디 있는데?

저어기
저어 뒤에
지나갔어
너무 실망하지 마
또 보게 될 거야

조심해

내 코앞에서 오토바이가 갑자기 지나갔는데
몸은 다치지 않았지만 마음이 다쳤다

마음도 내 자식이니
다친 데다 반창고를 붙여줘야지
붙인 데는 상처가 다시 나지 않는다는 반창고를
붙이고 있는 동안
절대로 거기가 가렵지 않다는 반창고를

/ 열등감 /

학교 친구들 공책들을 덮은 빽빽한 글에
난 주눅이 들었다.

그 글이 무슨 내용인지도 모르면서,

니가 나에 대해 뭘 안다고 그러냐?

/ 실수 1 /

간밤에 소 한 마리가 외양간을 뚫고 도망쳤다.
나는 황급히 외양간을 고쳤다.
사람들은 이제 고치냐며 조롱한다.
그 뒤로 소가 단 한 마리도 안 나갔는데 말이다.

실수 2

괜찮아
엎지른 물 닦으면 되지
옷에 묻은 물 닦으면 되지
목마르면 물병 또 채우면 되지

새는 날 수 있는 게 아니다.
날아다녀야 한다.

이상적인 바쁨

슬럼프 1

너 놀러 오기 전에 참 심심했다.
그 시간에 오기로 해놓고 훨씬 늦게 온
너를 초인종 앞에서 멍만 때리며 기다리느라
애먹었다.

너 놀러 오고 내가 참 힘들다.
팔씨름이 내 장기인데
너랑 하면 항상 몇 초 정도 버티다 지느라
더 애먹는다.

너 집에 돌아가며 참 아쉬워하겠다?
이제 우리 집에
더 놀러 못 오니까.

슬럼프 2

늪에서는 움직이면 움직일수록 더 빨려 들어간다고 한다.

그럼 어쩌라고?
가만히 앉아 빨려 들어가라고?
흠
밧줄을 던져볼까?

/ 영감 /

이 우유
참 맛있다!

그런데
유통기한이 너무 짧네

/ 예
술
가 /

나를 구제할 수 있는 사람은 오직 나뿐이다.
다른 사람이 구제해주면 평생 그 사람의 노예로 살게 된다.

나만이 나 자신을 다시 지옥에 빠뜨리지 않을 수 있는 사람이다.

/ 습관 /

늦잠아
이제 잘 시간이야
푹 자서 키 커야지

/
깜
박
/

어디선가 내가 옆구리를 부딪힌 듯하다
거길 만질 때 내 통점으로부터 벨소리가 들리지 않기 때문이다
멍이 들지 않은 곳이라는 벨소리가
깜박한 곳이 아니란 벨소리가

계획
1

벽돌로 지은 집은
바람에 부서지지 않는데

모래로 지은 집은
바닷물에 쉽게 부서진다.

그러나 모래성도 주변에 참호를 파두면
바닷물에도 바람에도 부서지지 않는다.

어른

스스로 자기가 살고 싶은 곳에 집 지어 살 수 있고
스스로 자기가 다니고 싶은 직장에 다닐 수 있고
스스로 자기가 가고 싶은 곳에 혼자 갈 수 있고
스스로 자기가 먹고 싶은 것을 사먹을 수 있고
스스로 자기가 하고 싶은 것을 마음껏 하고

/ 마음 /

우리는 무엇인가를 모를 때가 있다.
그래서 마음에게
선물이란 누명을 씌운다.

/ 밤
잠 /

박윤재
시집 두울, 언제나 배고파 하는구나

바쁜 우리는 모두 늦게 죽으려고 애를 쓴다.
하루하루를 그런 마음으로 보내고 있다.

후회

잔소리만 늘어놓을 뿐
때리지는 않는 생각에 감사하라
잔소리를 늘어놓는 생각도 본심은 착하지 않더냐

생각의 잔소리를 곧이곧대로 듣지 않고
의심하는 마음에게 감사하라
마음이 아니었으면 너 자신이 나쁜 놈 될 뻔했다

마음으로부터 격려를 받아라
기운을 낸 몸에 감사하라
그리고 몸과 함께 사과하라

꼰대질

발톱을 너무 바싹 깍았더니
발가락이 발톱에 걸리네

별 것도 아닌 일로 친구에게 따졌더니
그 상처가 내게 걸리네

무엇이든 몰아치면
반드시 어디가 걸리구나

/ 속마음 /

나는 너에게 쉬지 않고 외친다.

하지만 니가 너무 아둔해서인지,
내가 너무 작은 소리로 외쳐서인지,
좀처럼 와주지 않는다.

그러다 내 쪽을 돌아본다.

/ 골목 /

박스테이프 한 장을 내 팔에 붙여봤다

박스테이프가 내 팔에 붙었을 때
어떤 감촉인가 싶어서

이런 느낌이구나 하고 뗀 순간
따가웠다
너무 따가웠다

셋, 정말 내가 그랬어?

원한

어느 날 집을 나섰더니
따뜻한 눈이 내리고 있었다.
내가 눈을 맞으며 걸어가니
그 눈이 내게 잠깐 안기듯 쌓였다.

또 어느 날 집을 나섰더니
여린 눈이 내리고 있었다.
내가 눈을 맞으며 걸어가니
그 눈이 내 앞에서 우는 듯 녹아내렸다.

외투 벗고 집을 나섰더니
따뜻한 눈이 내리고 있었다.
내가 눈을 맞으며 걸어가니
그 눈이 과연 곧바로 녹아내렸다.

/ 시의 위로 /

오늘도 많이 힘들었지?

나한테 다 털어놔,

털어놓기 부끄럽다고 숨기지는 말고!

/ 사라진 그림 /

골짜기에서 그리던
그림을 실수로 떨어뜨렸다.

나는 포기하지 않고
그림의 조각들을 찾아냈다.

다른 조각들은
내가 찾은 조각 안에 있다.

그림에 상처가 생길까봐
차마 그 조각을 뜯지 못하고 있다.

법

선생님은 항상 우리를 진심으로 가르치시고
우리끼리 다툴 때마다 기어코 화해시키셨다.

간혹 지나치도록 매정하기도 하셨으나
그 점을 제일 존경했다.

그러나 선생님과 사랑하는 사이인 걔한테는
단 한 번도 매정치 않으셨다.

/ 가짜뉴스 /

나의 양들아
양의 탈 속 맨 얼굴이 중요한 게 아니다
양의 탈을 쓰고 있으면 그가 곧 늑대다

양의 탈을 쓴 녀석이
너희들을 잡아먹으려는 늑대든
너희들을 미워하는 또다른 양이든
너희 친구를 죽인 것 아니냐

/
요
절
/

내 생애
처음으로 바지를 샀다.

하지만 입지를 못했다.

버퍼링

재를 맞은 다 된 밥에서
재를 골라낼 시간에
재를 맞지 않은 새 밥을 해먹어야지

꼰
대

　　　애들아 담배는 몸에 안 좋은 거야
　　　피우면 안 돼

　　　애들아 과자는 몸에 안 좋은 거야
　　　먹으면 안 돼

　　　애들아 콜라는 몸에 안 좋은 거야
　　　마시면 안 돼

/ 칭송 받는 부조리 /

인간에게 있어 가장 끔찍한 것이지만
또 반면교사이기도 한 것

악행이란 회초리로 하여금 우릴 한층 더
성장시켜주기도 하는 것

자신을 이기도록 지도하여 세상을 한결 더
발전시켜주기도 하는 것

그리하여 우리에게 인생 최대의 희열을
안겨주기도 하는 것

이긴 개뿔

상실감

새로 산 볼펜은
잃어버린 연필만큼 예쁘지 않다.

새로 문 연 카페는
문 닫은 내 단골 식당만큼 예쁘지 않다.

미필적 고의

그런 적 없어
기억 안 나
정말로 내가 그랬어?
그랬으면 미안해

/ 표정 /

길을 걷다가 보니 안개가 끼었다.
그 너머로 희미하게나마 산이 보였다.

산에서
누가 훌쩍거리며 우는 소리가 들렸다.
의아하기도 전에
실컷 울지 않는 소리가 답답하게 느껴졌다.

울음소리가 그치자
누가 갑자기 웃으며 달려와
나를 들어 신나게 돌렸다.
일단 걔가 웃으니까 나도 모르게 기분이 좋아졌다.

그러다 나를 갑자기 놓았다.
몹시 화난 얼굴로
모기에 물린 자기 팔을 긁기 시작했다.
내가 보기엔 엄청 화난 얼굴이었지만
걔 자신은 얼마나 얼굴을 찡그렸는지 모르나 싶다.

뇌

나는 지금까지
몸과 함께 일을 했다

하지만 이제는
혼자 있고 싶다

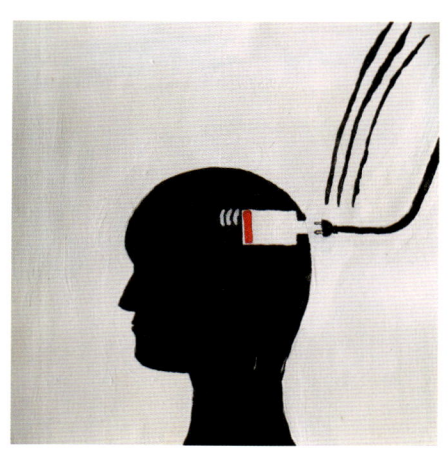

눈물

울고 싶은 건 당연해

눈물은 엄마아빠한테 혼날 때나
학교에서 억지로 야채를 먹을 때나
치과에서 이가 뽑힐 때나
책 읽으면서 울 뻔할 때나

너를 달래주니까

낙서

작년 여름에
모래사장에다 선 긋고 땅 따먹기 했는데
그 다음 날 와보니 바닷물에 쓸려 사라졌다.

작년 가을에
지하철 벽에다 직접 그림 그려봤는데
한 달 뒤에 누군가 닦아서 사라졌다.

작년 겨울에
숲 속 대나무에다 누가 끄적이고 도망갔는데
올 봄에 다시 왔더니 그 글이 안 사라졌다.

/ 감정조작 /

한 여자가 내 앞을 지나간다.

입술엔 그걸 부풀리려는 듯이 립스틱이 발려있었고,
눈매엔 항상 초롱초롱하게 보이려는 듯이
아이쉐도우가 발려있었다.

상처

고작 모르는 척한 것 가지고….

박윤재
시집 셋, 정말 내가 그랬어?

/ 누군가 내 마음을 몰라줘도 /

전쟁터에서 나라를 지키다 목이 잘려도
학교에서 꾸지람만 주구장창 들어도
좋아하는 사람에게 차여도

너의 마음을 탓하지 마

아침잠

더 놀고 싶다
이불 속에 있는 놀이터에서 까만 미끄럼틀 타며

벌써 가고 싶지 않다
아침 말고는 아무도 나랑 놀아주지 않는 집에

/ 난 /
/ 로 /

너는 몸과
마음이 따뜻하다.

하지만
차갑기도 하다.

/ 내가 원하지 않는 것 /

사람이 자신이 싫어하는 것만 싫어하는 게 아니다
딱히 좋아하지 않는 것도 싫어한다.

어른들이 살인청부업자 같은 직장만 싫어하는 게 아니다
딱히 다니고 싶지 않는 직장도 싫어한다.

아이들이 조립하기 어려운 장난감만 싫어하는 게 아니다
딱히 갖고 싶다고 한 적도 없는 장난감도 싫어한다.

/ 숙 /
/ 제 /

나는 여기에서 모르는 사람이 없는
일진이지

어느 날 밤엔
집까지 찾아와 때리기도 했고

내가 노려만 봐도
그날 밤 잠을 편히 자는 애가 없어

그러는데도 누구 하나
내가 그런 짓을 했다고 일러바치지 못해

넷,

이제 뭘 할까를 생각해

달의 쥐

오늘도 그는 일어나서
얼음과 불꽃 화살을 피한다.

하지만 통통 튀어서
맞을 수도 있을 것만 같다.

그러다 지나가는 사람에게
인사도 한다.

겨우 피했을 때는
달에서 경치를 관찰한다.

/ 황금 새장 안에 갇힌 앵무새 /

앵무새는 황금 새장 안에서 매일매일
주인이 주는 달달한 모이를 받아먹고
주인이 넣어 준 푹신한 베개를 베고 자며
저 너머를 날아다니는
벌레들을 먹고 싶어 하고
저 너머를 맘껏 날아다니는
새들을 부러워한다.

새장은 황금으로 되어 있어도 새장이다.

연못

숨어있는
한 은신처가 온전히

그러나
다양한 아이들 따뜻이

또 그런
소박함도 온전히

앞으로도
그것을 꿋꿋이

/ 가을 /

바람이 거칠어지면서
잎이 속상해진다.

그래서
얼굴이 뜨거워졌다.

그러다
풀이 죽는다.

그렇게 고개를 숙이다
결국은 떨어진다.

노크

물 아래에
물총고기와 알들이 헤엄치고 있다.

그러다
그 사이에 돌들이 쌓인다.

한 물총고기가 보고
톡,톡,톡,
간질이기도 했다.

그러나
그 돌은 생명이 아니다.

마침내 그 물총고기는
돌이 까딱하기를 기다리다
영원히 잠들게 되었다.

/ 해 /

나는
너 덕분에 살 수 있다.

하지만 나는
너에게 다가가기조차 힘들다.

그러나 너는
뿌듯함과 경치를 즐겨서
그런 것조차 바라지 않는다.

/ 즉흥적 소망 /

요즘 저녁만 되면 뭉게뭉게 먹구름이 낀다.
검은 양털처럼 보기만 해도 푸근한 먹구름 말이다.

우리는 그 먹구름을 그냥 지나친다.
그러곤 말없이 후회한다.

/ 시 읽기 /

이번엔 아주 큰 놈을 낚아야지
뭐야? 또 송사리잖아?
이 정도로 포기할 거면 여기 오지도 않았지
내가 1미터 넘는 놈 잡고 만다

맑은 하늘

아직은 살 만한 세상이란 듯
무쟈게 잘생겼고

북극에서 살다 온 듯
추위도 잘 안 탄다.

오히려 자기가 덥다는 듯
내게 외투를 벗어줬다.

그러나 햇살 아래선
연약한 모습을 보인다.

구상나무

다리 묶인 아주 큰 양들이다.
사람들이 구해온 거대한 양털덩어리다.

양들이 하도 순해서
상처에도 반응이 없다.

하늘이 보낸
가장 아름다운 동물이다.

소름

−고흐의 그림 '까마귀가 있는 밀밭'을 모티브로 쓴 시

보리 밀밭이 무성한
한 마을에서
보름달이 떠올랐다.

그러자
창 끝이 나는 듯한
바람이 날아왔다.

사람들은
모두 집안으로
숨어버리고

까마귀들도
죽을 힘을 다해
저쪽으로 날아간다.

하지만 그쪽마저
너무 어두워 방황하다.
죽는다.

우물 안 개구리

우물 안 개구리는
우물 밑 돌바닥이 아늑해서,
우물 위로 보이는 하늘이 아름다워서,
우물 밖 세상이 위험해서 안 나오는 게 아니다.

우물 안에서 커가는 것이다.

해바라기

나는 오래된 가구들
수집가야.

그 가구들을 수집하는 데
수십 년을 보냈어.

그러다가
오래된 가구들이 다 내 것이 되었지.

어리석게도
이제 뭘 할까를 생각해.

계획 2

월요일 아침에
길거리 지나가다가
벚꽃 잎이 팔랑팔랑 흩날리는 모습을 보고
집에서 나무 한 그루 키워보겠다 다짐했다.

화요일 새벽에
잠을 자려다가
오늘도 다른 날이랑 똑같다는 생각을 문득 하고
'아, 나무를 안 샀구나!'란 사실을 알아챘다.

수요일 점심에
밥을 먹고
드디어 나무 한 그루랑 흙을 사들이고
집에 있는 화분에다 나무를 "푹" 하고 심었다.

목요일 저녁에
집으로 돌아가기 전에
물뿌리개도 사가고
나무에 물도 주루룩 줬다.

금요일 밤에
이파리들이 파릇파릇 돋아난 나무를 보고
무언가 궁금해졌다,
그때 본 벚꽃나무처럼 튼튼히 자랄까?

신

신은 몇몇 사람들의
도망처이자 모두의
추측거리 중 하나다.

또 여러 모습으로
변신이 가능하다.
인간의 모습,
여러 개의 모습,
허연 모습….

하지만 부정하는
사람도 있다 그 사람들은
주장이 합리적이지만 피곤하다.

긍정적인 이들은
편하지만 합리적이지 못하다.

이렇게 신은
불편하면서도 푹신푹신한 의자다.

/ 고 드 름 /

동굴이 추워질 때 나오는
새하얀 보석

광부들은 동굴의 냉기 때문에
접근도 하지 못한다

냉기가 사라지자
광부들이 몽땅 캐어간다

아무리 캐도
많이 나오는 보석

그러나
사라지는 모습이 가장
보기 흉한 보석

방황

저 비둘기도
자기 집에서 자고
알도 낳고
모이도 줘야할텐데
왜 계속 둥지를 안틀고 날아다닐까

아
우리가 여기 나무들을 몽땅 베어갔지

소

소의 눈은 비눗방울처럼
건드리면 터질 듯한데 터지지 않는다
시골에 살아서 그런가?

소의 발굽은 태어나면서부터 맨발로 다녀
울퉁불퉁한듯 한데 평평하다
들판에 살아서 그런가?

/ 여 우 눈 /

오늘도 사람들 속으로
스카이다이빙을 했다.

이제 막 잠 깨며 창문 열다
놀라는 사람들도 보였다.

하지만 놀라자마자
창문을 닫아버렸다.

순간 머쓱했다.
사람이 뛰어내리면 잠시도 눈 못 떼던데.

좀 지나고
'눈 벌써 그쳤네'
혼잣말도 들렸다.

내가 여우 눈일까?

거미

거미란 거지는
잠도 설치면서
뒷골목 입구에 자기 무대를 만들었다.

거기서 그가 연주를 시작하니
지나가던 사람들 몇몇이 동전 한 닢을 들고 다가오다
그가 판 함정에 빠져버렸다.

에필로그

박윤재의 시와 그림이 즐거움이기를…

박윤재는 2000년에 태어났다. 4살 무렵에 처음 단어를 말하기 시작할 정도로 말이 늦었다. 이후에도 다른 아이들에 비해 말을 많이 하지 않았다. "이건 컵이야"라고 말해 주는 것보다 컵이라는 글씨와 그림이 그려져 있는 책을 보여 주는 것을 좋아했다. 말로 소통하는 것이 느리다 보니, 또래 아이들과 어울려 놀지 않고, 아이들이 노는 모습을 보거나, 혼자서 책을 보는 것을 더 좋아했다.

그래서인지 어려서부터 세상을 바라보는 방식이 조금 달랐던 것 같다. 뭔가 새롭게 관심을 끄는 일이 생겨도 엄마 아빠에게 얘기하는 일은 많지 않았지만, 거기에 관한 느낌과 생각을 글로 적곤 했는데, 10살 무렵에 A4용지에 연필로 삐뚤빼뚤 적은 글을 읽다가, 처음으로 제법 색다르고 의젓한 '시'처럼 보인다는 생각을 했다.

스티브 잡스가 죽었다는 뉴스를 보았을 때, 서울에 살던 가족이 경기도에 있는 산 아래 전원주택으로 이사했을 때에도 스스로 자신의 생각과 마음을 글로 적어 엄마에게 내밀었다. 그렇게 쓰인 '시'들은 자연스럽게 차곡차곡 모이기 시작했고, 10여 년간 꽤 많은 '시'들이 생겨났다. 신춘문예에서 수상한 시인이나, 전문적인 글쓰기 교육을 받은 작가들에 비해서는 경험도, 글 솜씨도 부족하겠지만, 윤재만이 가지고 있는 독특한 시선과 사고방식으로 일상에서 스스로 나온 글들이라 쉽게 읽히고, 오래 생각하게 만드는 매력이 담겨 있다. 책에 실린 그림들도 모두 박윤재의 그림이다.

초등학교 졸업 후 대안학교로 진학했는데, 아이들과의 문제로 오래지 않아 홈스쿨링을 하게 되었다. 집에서는 미술을 가르쳐 줄 수 없어 미술학원을 보냈는데, 유치원생 수준으로 그리던 그림이 조금씩 독특하고 재미있는 그림이 되더니, 급기야 어버이날 꽤 그럴듯한 카네이션 그림을 부모님께 선물했다. 그 후에도 가끔씩 개성 있는 색감과 투박한 선이 만드는 독특한 형태의 볼만한 그림들을 그려 내기 시작했다.
그러다 다시 이사를 하게 된 동네에서 좋은 선생님을 만나, 지금까지도 지도를 받고 있다. 시간은 오래 걸리지만 하나하나 개성이 가득 담긴 그림을 그린다. 자신이 쓴 글에 어울리는 그림을 직접 그려 넣고 싶은 마음에 지금도 꾸준히 그림을 그리고 있다.

박윤재의 글처럼, 그림 역시 전문 작가들에 비해 부족한 점이 많지만, 그 속에서 또 나름대로 개성이 있는 그림이 나와 몇 점을 시집에 넣었다. 앞으로도 남들보다 더 잘 쓰는 작가가 되지 못하더라도, 남들과는 다른 글을 쓰는 작가는 될 수 있지 않을까 하는 생각에 이 시집을 세상에 내 놓기로 하였다. 부디 많은 독자들이 열린 마음으로 박윤재의 시와 그림을 보며, 주위의 많은 사람들이 느꼈던 즐거움을 공유할 수 있기를 바란다.

누군가 내 마음을 몰라줘도
사물을 다시 바라보게 만드는 시집

2020년 2월 12일 초판 1쇄 발행

지은이　박윤재
펴낸이　안호헌
디자인　바이브온

펴낸곳　도서출판 흔들의자
출판등록　2011. 10. 14(제311-2011-52호)
주소　　서울 강서구 가로공원로84길 77
전화　　(02)387-2175
팩스　　(02)387-2176
이메일　rcpbooks@daum.net(편집, 원고 투고)
블로그　http://blog.naver.com/rcpbooks

ISBN 979-11-86787-22-9　03810
ⓒ 박윤재 2020. Printed in Korea

* 이 책은 저작권법에 따라 보호받는 저작물이므로 무단 전재 및 무단 복제를 금지합니다.
  따라서 이 책 내용의 전부 또는 일부 내용을 재사용 하시려면 사용하시기 전에 저작권자의 서면 동의를 받아야 합니다.

* 책값은 뒤표지에 있습니다.
* 파본이나 잘못된 책은 구입하신 곳에서 교환해 드립니다.
* 이 제작물은 아모레퍼시픽의 아리따글꼴을 사용하여 디자인 되었습니다.

* 이 도서의 국립중앙도서관 출판예정도서목록(CIP)은 서지정보유통지원시스템 홈페이지
  (http://seoji.nl.go.kr)와 국가자료종합목록 구축시스템(http://kolis-net.nl.go.kr)에서 이용하실 수
  있습니다. (CIP제어번호 : CIP2020001835)